TABLEAU SUCCINCT

DE

L'HISTOIRE ET DE LA LITTÉRATURE DE L'ARMÉNIE:

DISCOURS

Prononcé à la 26ᵉ distribution annuelle de prix du collége Samuel Moorat.

L'année dernière, j'ai eu l'honneur de rappeler, à pareil jour, le souvenir le plus ancien et le plus glorieux de la nation arménienne, la fête de son patriarche *Hayg*; aujourd'hui je vais célébrer la mémoire la plus chère à notre établissement, l'anniversaire séculaire de la naissance de son fondateur même, de l'illustre *Samuel Moorat*. Son souvenir m'en rappelle un autre qui retentit encore dans tout le monde savant, et surtout dans un grand pays voisin : la fête de l'anniversaire séculaire du plus grand poëte des Allemands, Schiller! Ah! pourquoi l'Arménie n'a-t-elle pas, comme l'Allemagne, le bonheur de fêter avec éclat le nom d'un de ses glorieux enfants, contemporain du célèbre auteur dont il n'a pas eu certes le génie, mais bien le patriotisme, et peut-être l'influence sur le progrès du génie national!... Mais que sommes-nous, Arméniens, reste d'une nation et d'une contrée oubliées dans l'intérêt de la politique du temps, pour soutenir une comparaison avec cette immense Allemagne? Cependant, est-ce que l'Arménie aussi n'a pas été jadis un pays trés-vaste, et relativement plus peuplé que l'Allemagne? Réduite maintenant à un dixième de son ancienne population, la nation arménienne est en quelque sorte plus étendue qu'aucun peuple de la terre, de cette terre où elle a laissé dans chaque coin quelques souvenirs ou quelques monuments. Et ces monuments resteront-ils éternellement muets? ne pourront-ils pas réveiller quelques échos assoupis dans ces jours mémorables? Qu'est-ce qui anime ces échos patriotiques qui font tressaillir d'une joie enivrante, à un jour donné, toute une nation, toute une vaste contrée? Est-ce le nombre, est-ce la force, est-ce la richesse? Ce ne sont ni ces jeux, ni ces calculs de la fortune; mais c'est bien le cœur sensible, la reconnaissance ardente, le sentiment du beau, qui meut même les pierres et les rochers, et qui fait, pour ainsi dire, chanter, aux doux reflets du soleil du matin, l'immuable statue de Memnon! Que serait-ce, de la terre, si les puissants empires qui, appuyés sur un matériel formidable, se disputent les destinées du monde, venaient à perdre le sentiment de l'humanité? Que serais-tu, France hospitalière, que serais-tu, avec toute ta gloire et ta grandeur imposante, si tu avais moins de cette grâce bienveillante et cordiale qui te rend plus aimable aux peuples lointains, que ton ardeur avec ses éléments calculés ne te rend formidable à tes voisins? L'Orient, dont tu vois ici une petite colonie, attentif à ton souffle, ne désire que ton influence morale et généreuse, qui sait si bien inspirer aux autres nations la lumière et le progrès. C'est à ce titre que, nous aussi, nous espérons développer ici, mieux qu'ailleurs, l'œuvre de charité et d'instruction que nous légua l'immortel Moorat..

Qu'on me permette donc aujourd'hui de célébrer dans cette assemblée, moitié française, moitié arménienne, la mémoire du fondateur de cet établissement. Cependant, pour n'abuser pas d'une attention bienveillante, je dirai franchement que je ne pourrais ni ne voudrais rechercher les agréments d'un éloge éloquent, tel que le mériterait assurément Samuel Moorat; je me bornerai à tracer à la hate *un tableau rétrospectif de la littérature arménienne*, dont les vicissitudes ont suivi de près celles de sa vie politique et religieuse, pour en faire résulter plus distinctement encore la part due à la généreuse idée de Samuel Moorat dans l'instruction de la jeunesse arménienne de notre époque.

Jadis ce vaste plateau élevé qui verse, en tous sens, vers les quatre mers de l'Asie Antérieure, les fleuves d'Eden, premiers chemins des peuples, non-seulement fut le berceau de la race humaine, mais aussi de tout ce qui en était l'apanage, les éléments de sa vie domestique, civile et intellectuelle. Dans ces temps reculés du partage de la terre ou de la dispersion des peuples, y avait-il des notions précises de ce qui forme maintenant le corps de nos sciences physiques et philosophiques; ou bien y avait-il des monuments littéraires? Questions controversées que je ne veux pas aborder; mais toute l'investigation de l'antiquité et de la saine philosophie porte à croire que de tels monuments doivent être d'une origine très-ancienne, et qu'il ne faut pas mépriser les assertions des Hébreux, des Chaldéens et d'autres peuples orientaux, qui reportent cette origine aux temps antédiluviens, et croient Noé, dépositaire non-seulement des traditions orales, mais aussi des traditions écrites. On dit même que ce patriarche, dans le premier partage de la terre et de ses possessions entre ses trois fils et leurs descendants, légua les livres à la race sémitique, mais que les fils de Japhet, race guerrière et entreprenante, ne tardèrent pas de s'en emparer; et telle fut la cause de la contrariété et des guerres qui séparèrent pour toujours les deux grandes branches de l'humanité.

Personne ne doute aujourd'hui que la première habitation des hommes sur la terre et le point de leur séparation ne fussent dans le plateau ci-dessus indiqué, qui, dans la suite, fut nommé *Arménie*. En abandonnant ici la question de l'origine et de l'affinité de la langue et des monuments primitifs de notre nation, nous ne devons pas oublier que l'Arménie possédait une civilisation et cultivait les arts, la poésie, l'astronomie et le commerce, avant même qu'ils eussent été développés dans l'Égypte, dans la Chaldée, dans la Grèce et dans les Indes. Nous en trouvons des traces dans nos chronographes, dans la Bible, dans les traditions des peuples, dans les historiens les plus anciens, grecs et orientaux, dans les livres d'histoire naturelle ou thérapeutique des Théophraste et des Dioscoride.

Vers le milieu du 2ᵉ siècle avant Jésus-Christ, notre histoire commence à s'éclaircir de plus en plus, et la nation arménienne se fait une place remarquable dans l'histoire universelle. La dynastie des *Arsacides* venait de s'établir sur le trône des *Hayganides*. A cette époque, trois ou quatre éléments divers, autant de langues annexées à l'arménienne, composaient notre littérature ou notre culture intellectuelle. C'était d'abord la langue des *Parthes*, sans doute *scytho-pehlevi*, qui bientôt s'engloutit dans la langue dominante de notre pays ; c'était ensuite la *syriaque*, depuis longtemps connue et parlée dans nos provinces méridionales, et cultivée depuis que les premiers Arsacides établirent leur siége à *Nisibe*, dans la Mésopotamie, alors comprise dans les fiefs du royaume d'Arménie. Enfin, outre la langue *zende* et celle encore inconnue des inscriptions *cunéiformes* répandues dans l'Arménie depuis les bords de l'Euphrate jusqu'à ceux de Zab, c'était la langue *grecque*, familière à nos ancêtres avant aucune nation moderne, et devenue à la mode pendant le règne des successeurs d'Alexandre, parmi lesquels se trouvent aussi des rois arméniens dont quelques monnaies à légende grecque nous sont parvenues. Il y avait aussi sans doute quelque mélange des langues *caucasiennes*, car les frontières de la domination arménienne s'étendaient alors jusqu'à cette chaîne de montagnes escarpées qui séparent l'Asie de l'Europe.

Pendant un cours de 500 ans, le mélange de tant de langues diverses, de tant de coutumes et de cultes même, modifia la forme intellectuelle et la religion de notre nation. Parmi ces divinités grecques, syriennes, persanes, parthes, outre les nationales, la première place était conservée à la déesse *Anahid*, considérée comme la *Minerve* arménienne, et nommée *la Mère de toute sagesse*, bien qu'elle eût aussi d'autres attributs. L'Arménie avait aussi son *Mercure*, nommé *Dir*, dieu des sciences, des augures et surtout des lettres, auquel elle avait consacré non-seulement des temples, mais encore le 4ᵉ mois de son calendrier ancien.

Le fondateur de la dynastie arsacide en Arménie, *Valarsace*, en rétablit aussi en quelque sorte la littérature ; il ordonna de faire des recherches sur son histoire, et en confia la compilation à un certain *Abas*, Syrien d'origine. Son histoire, conservée en abrégé par *Moïse de Khorène*, était écrite en syriaque et en grec. Cette dernière langue était toujours en grande vogue, et elle atteignit à un plus grand développement en Arménie, pendant le règne des successeurs de Valarsace. *Archag*, son fils, étendit son pouvoir sur le Pont et les pays voisins. *Ardachès Iᵉʳ*, son petit-fils, fit avec le grand Mithridate des incursions jusqu'au cœur même de l'Attique ; il en rapporta un riche butin, surtout des statues des dieux, avec leurs prêtres et tout ce qui appartenait à leur culte. *Tigrane*, fils d'Ardachès, imbu dès sa jeunesse, du goût des arts grecs, les cultiva au plus haut degré ; il frappait ses monnaies en légende grecque ; il bâtissait des théâtres grecs dans sa grande capitale de *Tigranocertes*, où il avait transféré des colonies de douze villes grecques ; il avait demandé et obtenu de Cléopâtre, reine d'Égypte, la copie des manuscrits grecs relatifs à l'histoire de son pays ; il maintenait dans sa cour des savants grecs, dont l'un a écrit en détail l'histoire ou l'éloge de son Mécène, du vivant même de ce prince ; enfin il donna à son fils *Artavasde Iᵉʳ* des précepteurs grecs qui lui inspirèrent le goût et l'imitation des Sophocle et des Euripide. Plutarque et Appien font une mention honorable des oraisons, des histoires et des tragédies grecques du monarque arménien, qu'ils avaient eu le bonheur de lire.

Au 1ᵉʳ siècle de notre ère, l'Arménie, soumise par la force romaine, se dédommagea en quelque sorte de la perte de sa liberté par l'introduction chez elle d'une nouvelle langue et de nouvelles notions ; elle s'appropria entre autres sciences le *Calendrier julien*, auquel elle conforma en partie son ancien calendrier arménien. Elle aussi, de son côté, communiqua à Rome quelques avantages, outre le tribut de sa richesse minérale et de ses fruits délicieux (dont l'un porte encore le nom du pays, *prunus armeniaca*, abricot), quelques nouvelles notions dans l'art de soigner les chevaux, comme en témoignent les écrivains romains de l'art rustique. On croit même que le premier biographe de Rome, l'ami de Cicéron, ce *Tyrannio*, captif de Lucullus, n'était qu'un certain *Diran*, nom très-commun et connu seulement chez les Arméniens.

Une des causes de la préférence qu'on donna en Arménie aux langues étrangères était les défauts de l'ancien alphabet arménien, et, jusqu'à la formation du nouveau, c'est-à-dire jusqu'au 5ᵉ siécle, elles étaient en usage public, surtout le syrien, le grec et le persan. Cependant, dès le commencement même du 2ᵉ siécle de notre ére, sous le règne paisible d'*Ardachès II*, l'élément national prenait le dessus dans notre littérature ; la poésie venait une seconde fois prendre son essor du trône même : un des fils du roi, son ministre du palais, *Verouyr*, était un poëte distingué, et peut-être le chef de ceux qui composérent la grande *épopée arménienne*, qui chanta et le temps heureux d'Ardachès, et les prouesses de son généralissime, *Sembad l'homme brave.* Il ne nous reste que de fort maigres fragments et quelques détails de ces fictions pleines de vivacité.

Tandis que les descendants d'Ardachès continuaient en Arménie leur faveur à de tels travaux, en Perse la dynastie des *Sassanides* renouvelait l'ancien régime et la religion des Mages. Cette dynastie, ennemie implacable de celle des *Arsacides* qu'elle extirpa de la Perse, parvint à la chasser momentanément de l'Arménie, en y détruisant tout ce qui tenait du grec ou de l'arménien, et en y introduisant la doctrine et les lois de *Zoroastre*, jusqu'à ce que le grand *Dertad*, après 40 ans d'exil, d'épreuves et de luttes, rétablit tous les droits de sa nation, sur laquelle heureusement il régna encore 40 ans, pendant lesquels il la porta à un degré de progrès et de lumières que jamais elle n'avait atteint et qu'elle conserva toujours. S'il ne fut pas le premier roi chrétien, il fut le premier grand roi chrétien qui coopéra et réussit à faire de son peuple une nation entièrement chrétienne avant toutes les autres.

Cette religion, qui partout et surtout en Arménie fut le guide des bonnes mœurs et des lettres, dès sa première apparition était saluée par l'Arménie ; son roi *Abgar*, qui régnait en même temps sur les Syriens à Édesse, avait confessé la divinité de Jésus-Christ, du vivant même de l'Homme-Dieu. Après son ascension, Abgar reçut le disciple *Thaddée;* et se fit baptiser avec toute sa cour et une grande partie des habitants d'Édesse. Parmi les autres moyens propres à consolider la vraie religion, il fit traduire la Bible en langue syriaque. *Thaddée* prêcha l'Évangile dans la Grande-Arménie, qui eut aussi le bonheur d'entendre la voix d'autres apôtres de Jésus-Christ. Cependant, bien que le christianisme, dans ces premiers siècles, enveloppât de son modeste voile presque toute l'Arménie, celle-ci, trop enchantée alors d'autres vues, enivrée de ses victoires et des poésies séduisantes qui rehaussaient l'éclat de ses héros, ne prêtait pas une oreille attentive à une doctrine qui ne flattait guère son ardente imagination. L'esprit païen continuait à tenir tête au christianisme ; le fils même d'Abgar, le malheureux *Anané*, rouvrit les temples des dieux. *Sanadrough*, neveu d'Abgar, un moment converti, du moins en apparence, au christianisme, martyrisa sa jeune fille, sa sœur et les apôtres *Thaddée* et *Barthélemy*. *Ardachès*, moins rigoureux que son père, sollicité par des princes *Alains*, alliés à son épouse, d'accepter comme eux la religion de Jésus, s'en excusa par ses travaux et les soins de la guerre. Aussi l'Évangile, quittant pour un temps les portes des rois et des heureux d'Ararad, cherchait des abris dans les provinces les plus éloignées d'une cour corrompue, pour triompher plus tard à coup sûr, tandis que la persécution contre les chrétiens sévissait sur toute l'étendue de l'empire romain, auquel appartenait alors la Petite-Arménie ; ses principales villes, Césarée, Mélitène, Sébaste et d'autres étaient devenues les rivales de Rome et d'Alexandrie par le nombre des martyrs qu'elles offraient à l'Église. *Khosrov*, petit-fils d'Ardachès, et son fils *Dertad*, comme alliés des Romains, se faisaient un devoir d'imiter la cruauté des empereurs. Le dernier de ces rois, qui avait conquis son royaume avec le secours de *Dioclétien*, excité par celui-ci, avait ordonné à deux reprises de poursuivre dans tous ses domaines tout ce qui tenait au christianisme ; il venait d'exécuter lui-même son édit barbare, en faisant massacrer trente-six vierges romaines ou grecques qui étaient venues chercher un abri dans les propres terrains de sa résidence ordinaire, furieux qu'il était de n'avoir réussi ni par persuasion ni par force à faire accepter à une de ces vierges, la belle *Rhipsimée*, sa main royale. Après ce dernier acte d'atrocité, frappé par la justice divine, il fut saisi de remords et en proie à de telles fureurs, que, abandonnant ses sujets, il se réfugia dans les repaires des bêtes fauves. C'est de cette abjection que le tira le bras du Seigneur pour la plus grande gloire de son nom.

Une de ses victimes, qui depuis treize ans languissait dans une fosse, espèce de cachot, et vivait encore par un miracle de la Providence, en fut tirée, à son tour, pour guérir le corps et l'âme du roi et convertir toute l'Arménie au vrai Dieu. Ce fut le grand *Grégoire le Parthe*, que l'Arménie reconnaissante nomma son *Illuminateur*, titre sublime, digne de celui qui le reçut et de ceux qui le donnèrent. Je laisse à *Agathange*, historien contemporain, et à l'histoire ecclésiastique, le récit complet de cette conversion, qui s'opéra subitement comme un éclair d'un bout à l'autre de l'Arménie, parcourue bientôt par 400 évêques, tous sacrés par l'Illuminateur, pour y répandre les lumières de la foi et les connaissances utiles, enseignées par une foule de prêtres et de docteurs que notre grand apôtre avait recrutés d'abord dans les villes chrétiennes de la Petite-Arménie, surtout à Sébaste, puis en Syrie. Des écoles grecques et syriennes se rouvrirent dans chaque canton, chaque bourgade d'Arménie ; la cour même, avec son auguste chef, les anciens ministres d'*Anahid* et de *Dir*, furent initiés à la vraie doctrine, et douze des fils des prêtres des anciennes divinités nationales devinrent des évêques collaborateurs de Grégoire. Celui-ci, outre sa prédication orale, nous a laissé des traités, des prières et un missel ; ses premières conférences adressées au roi et au peuple avant leur baptême, et appelées l'*Évangile de saint Grégoire*, furent recueillies et mises en ordre par *Agathange*, chef des archives royales. Ces deux auteurs et d'autres du 4e siècle écrivirent ou en grec ou en syriaque ; tous les ministres de l'Église arménienne connaissaient ces langues et traduisaient à leur troupeau les saintes Écritures.

Après la conversion de l'Arménie, c'est l'invention ou le perfectionnement de l'écriture arménienne qui fait surtout époque dans notre histoire morale. Cette invention était réservée à *Mesrob*, premier docteur arménien, qui florissait vers la fin du 4e siècle et le commencement du 5e, sous le pontificat d'*Isaac*, arrière-petit-fils de Grégoire, et qui, avec l'aide de ce patriarche et du roi *Vramchabouh*, parvint à doter l'Arménie d'un de ses titres et de ses trésors impérissables. L'œuvre de l'Illuminateur se compléta par l'œuvre de Mesrob et d'Isaac et d'une soixantaine de leurs élèves, qui, profondément versés dans les langues grecque, syriaque, persane et même chaldéenne et romaine, traduisirent, dans l'espace d'un demi-siècle, la *Bible et presque tous les ouvrages des saints Pères* dans la plus classique langue arménienne. Ces traducteurs avaient complété leurs études dans les fameux colléges et bibliothèques d'Athénes, d'Alexandrie, d'Édesse, de Constantinople, de Rome et d'Antioche. Leurs traductions, moissonnées par le cours des siècles et plus encore par des événements fâcheux, nous sont arrivées seulement en partie, conservant entre autres quelques ouvrages dont l'original grec est perdu : tels sont la *Chronique d'Eusèbe*, *Philon* l'Hébreu ; les homélies de *Sévérien*, évêque de Gabala, etc. Cette époque de notre littérature fut nommée le siècle d'or ; et elle serait sans doute encore plus éclatante si des malheurs civils ne l'eussent troublée soudain ; car les plus braves de nos traducteurs n'étaient pas encore rentrés dans leurs foyers, chargés du plus glorieux butin, que le royaume des Arsacides s'éteignit dans leur patrie, abandonnée une seconde fois à la merci de la haine *sassanide*. Cette dynastie opiniâtre, et les autres qui parvinrent à la domination de l'Asie, ne cessèrent de bannir ou de persécuter toute lumière, toute croyance contraire à la leur : une guerre sans trêve fut déclarée au christianisme et aux lettres ; l'Arménie en souffrit plus qu'aucun autre pays, à cause de sa situation géographique et morale.

Placée entre quatre mers méditerranées et à peu près au centre des trois parties de l'ancien hémisphère, sous le climat des plus heureux pays de la terre, bien qu'elle n'en ait pas toujours les avantages, à cause de son extrême élévation au-dessus du niveau de la mer, l'Arménie fut de tout temps le chemin battu des nations et le confluent de l'Europe et de l'Asie : elle est en tout l'arrière-garde de la première et l'avant-garde de la seconde. Cette position, si avantageuse au point de vue de la civilisation et du commerce, n'était pas moins pour elle une cause de désastres et d'invasions continuelles. Si quelque lacune dans ses lois l'empêchait de devenir plus forte encore pour repousser toutes ces agressions extérieures, il faut confesser que c'était une tâche bien rude que de résister toujours contre le flux et le reflux de tant de nations barbares et de tant d'armées aguerries. Aucun pays du monde peut-être n'a vu autant de cruels conquérants et de célèbres capitaines, autant d'armées d'invasion, autant de torrents de sang, que l'Arménie circonscrite par tant d'éléments hétérogènes, tant d'ennemis, tant de rivaux. Pouvait-elle résister longtemps à ces chocs redoutables ? Elle a résisté cependant plus de trois mille ans, victorieuse plus souvent que vaincue, contre toutes les hordes du Nord et toutes les attaques de l'Orient et du Midi. Commerçante et agricole par son génie, elle était guerrière par nécessité ; elle maniait tour à tour la lance et la charrue, et tandis que d'une main elle repoussait ou terrassait l'agresseur de sa patrie, de l'autre elle défendait plus d'une contrée. Ah ! si des critiques plus impartiaux voulaient juger l'histoire ancienne, ils seraient moins enchantés de voir dix royaumes grecs réunis pour renverser une ville asiatique, que de voir l'Arménie, ferme entre les peuples barbares et les peuples civilisés, élevant de loin son bouclier sur cette même Grèce, si orgueilleuse, et sur l'Occident lointain. Il est vrai que, parfois entraînée par des conquérants étrangers ou nationaux, l'Arménie prit l'offensive à l'égard de cette Grèce ; mais il est plus vrai encore que, si elle n'eût pas soutenu souvent les premiers chocs de l'Orient et du Nord, la Grèce n'aurait pas eu autant de loisir pour charmer par sa précieuse littérature et elle-même et ses admirateurs. Pour que la Grèce fût telle qu'elle a été, il fallait aussi que l'Arménie fût là. La Grèce, de son côté, hâtons-nous de le reconnaître, nous a rendu d'immenses services. Si l'Arménie, pays, type et langue d'Orient, s'est distinguée parmi les autres peuples orientaux, c'est grâce au contact de la Grèce. Les dernières limites de ces deux peuples se confondaient dans les belles contrées de l'Asie-Mineure, à peine connues aujourd'hui. En fait de religion, de littérature, de grammaire même, l'Arménien tient plus du Grec que de l'Asiatique proprement dit.

Quand l'Arménie se convertit au christianisme, sous Dertad, elle était forte, elle était grande, tandis que la Grèce comptait à peine comme pays autonome. Bientôt l'empereur de Rome choisit Bysance pour capitale et jeta les fondements d'un nouvel empire grec. *Constantin* et *Dertad* s'étaient liés d'amitié, dans leur jeunesse, à la cour de Dioclétien, à Nicomédie. Parvenus tous deux au trône, ils firent alliance; devenus chrétiens, ils devinrent des frères. L'alliance de ces deux illustres chefs se prolongea plus ou moins étroitement parmi leurs successeurs pendant un siècle; ils s'entr'aidaient contre les Perses et leurs autres ennemis. Mais quand la mollesse et les vices s'emparèrent de ces deux cours, elles se séparèrent et se trahirent; l'Arménie en souffrit davantage comme plus faible et placée entre la Grèce et la Perse. Ces deux empires en firent bientôt le partage : la partie échue à Constantinople était encore protégée, tandis que l'autre gémissait douloureusement sous la haine invétérée du Sassanide, qui ne voulait rien moins que convertir l'Arménie au culte de Zoroastre. Il parvint à persuader les plus faibles et les plus corrompus parmi les magnats de l'Arménie; déjà les livres saints étaient en partie brûlés, en partie cachés; les temples saints se fermaient et les autels du feu se dressaient çà et là; sept cents Mages allaient remplacer les disciples de Mesrob et d'Isaac.

Soudain le petit-fils de ce dernier, *Vartan*, le prince *Mamigonide*, jeta un cri de lion, et revendiqua les droits de la religion et de la patrie. La vertu et le courage répondirent à sa voix : la guerre fut décidée contre la Perse. Mais où trouver une armée capable d'affronter les innombrables troupes du roi des rois ? La moitié de l'Arménie était là encore ; elle avait invité les peuples du Caucase chrétien, qui se refusèrent à son invitation; elle se tourna vers son ancien allié et envoya des courriers pour solliciter Byzance; mais Byzance fut sourde et muette au moment suprême de l'Arménie. Celle-ci réduite à ses propres forces, après avoir soutenu un long combat contre des forces quadruples, succomba glorieusement, ajoutant les noms de ses braves au nombre de ses martyrs. La guerre et les troubles continuèrent encore pendant plus de trente ans, jusqu'à ce que la Perse, convaincue de l'inutilité de la persécution, laissât l'Arménie en repos.

Mais si la foi combattue devint en Arménie plus forte encore par les épreuves, la littérature en souffrit beaucoup. Il est vrai qu'outre l'avantage spirituel, cette hostilité des Persans et des mages alimenta le génie de plusieurs de nos docteurs, entre autres de trois de nos meilleurs classiques : *Eznig, Elysée* et *Lazare* ; néanmoins, la plume de feu de nos traducteurs s'était arrêtée, et le siècle d'or se couvrit de ténèbres de plus en plus épaisses pendant quatre longs siècles, où une autre domination et une autre religion troublèrent notre pays et tant d'autres. Avec de nouvelles dynasties arméniennes qui surgirent dans les 9ᵉ et 11ᵉ siècles, notre littérature aussi se releva pour nous laisser, outre une dizaine d'historiens, un poëte sacré, le plus original de sa langue, *saint Grégoire de Naregh.*

Cependant l'horizon civil se couvrait des nuages les plus sinistres autour de l'Arménie; des invasions plus terribles que les précédentes la menaçaient; un bouleversement plus complet paraissait imminent. C'étaient des peuples nomades des steppes de l'Asie descendants des anciens Scythes, ces archers innombrables qui foulaient sous les pieds de leurs chevaux la vastitude de la terre, et par leurs traits répandaient une nuit ambulante sous le soleil. Guidés par *Toghrul,* par *Alp Arslan* et par les fils de *Genghis-Khan,* ils réalisèrent ce que leurs pères avaient tenté à plusieurs reprises. Comme toujours, leurs premiers torrents débordèrent sur l'Arménie, et l'Arménie n'était plus ce qu'elle avait été. Une dernière fois elle brandit sa lance pour abattre l'arc tendu contre elle; mais les flots toujours croissants des barbares finirent par la refouler au delà même de ses propres confins. D'ailleurs, une tradition prophétique, qui menaçait l'Arménie d'une invasion inévitable par un *peuple d'archers,* glaçait tous les cœurs; on croyait non-seulement impossible, mais coupable même toute tentative de résistance. C'est alors que l'Arménie se vit contrainte à une démarche inopinée: ne pouvant ni résister victorieusement, ni se laisser écraser impitoyablement, elle s'ouvrit un nouveau chemin à travers les nations, envoyant partout des colonies bien pénétrées des souvenirs de la mère-patrie, qu'elles abandonnaient avec des regrets éternels.

Un immense triangle, ceignant la mer Noire, nous donne une idée de ces colonisations arméniennes que nous y voyons aujourd'hui même; d'un côté, il pénètre vers l'occident à travers l'Asie-Mineure, la Thrace et la Macédoine jusqu'aux provinces danubiennes; de l'autre, traversant le Caucase et les pays russes, il aboutit à la Pologne, d'où le troisième côté descend, à travers la Gallicie et la Hongrie, vers les bouches du Danube. Combien ces colons étaient différents de ceux qui envahissaient leur patrie! Tandis que ces derniers n'apportaient que la désolation et la ruine, les nôtres, grâce à l'hospitalité des gouvernements qui les reçurent, non-seulement se dédommagèrent des pertes qu'ils venaient de faire dans l'ancienne patrie, mais ils furent utiles en plus d'une manière à leur patrie adoptive, par leur industrie, leur commerce et même leur littérature.

En dehors de ces paisibles colonies, il y en eut d'un caractère guerrier; plusieurs familles princières et militaires, avec leurs alliés, harcelées par les Saldjoukides, rebutées par les Grecs, se jetèrent, à travers l'Asie-Mineure, sur les contrées les plus hérissées des remparts du Tau-

rus, dans la Cappadoce, la Pamphylie et la Cilicie ; elles s'en emparèrent, moins par traité que par force, et finirent par se les assujettir.
C'est alors que se fonda la dernière dynastie d'Arménie, celle des *Roubénides*, la plus connue des Européens, auxquels elle rendit plus d'un
service à l'époque des croisades, et dont elle reçut, en retour, et sa cou-
ronne et des institutions libérales. Nos rois de la Cilicie conclurent des
traités de commerce et d'échanges avec les villes industrielles et mari-
times de la France, de l'Espagne et des républiques d'Italie. Ils s'allié-
rent à la famille royale des Lusignans de Chypre, de laquelle l'Arménie reçut son dernier roi, *Léon V* (ou *VI*), qui, après la perte totale de
son royaume, vint à la cour de Charles VI, pour reposer enfin avec les
monarques de la France sous les voûtes de Saint-Denis. Comme leurs
ancêtres se conformaient à la langue et à la cour des Grecs, les Roubénides prirent pour modèle la langue et la cour de France : presque tous
les titres des fonctionnaires et des ministres du roi de *Sis* étaient français ; la plupart des traités conclus avec les gouvernements étrangers
sont rédigés ou en latin ou en français, les rois de France et d'Arménie
se donnaient mutuellement le nom de *cousins* ; et un géographe arménien, à peu près leur contemporain, donne à la capitale de la France le
titre de l'*Université des Docteurs.*

L'époque la plus florissante des Roubénides fut pour notre littérature
le siècle d'argent ; elle nous laissa, outre une vingtaine d'historiens, nos
meilleurs grammairiens, commentateurs et chantres sacrés. Cette culture ne dépassa pas le 13ᵉ siècle ; et le 14ᵉ, suivi de deux autres plus
misérables encore, donna le signal d'une triste décadence. La langue
latine, qui s'était introduite à cette époque dans différents cantons de
l'ancienne *Sunie*, à côté de quelques avantages et de quelques désavan-
tages au point de vue religieux, n'aboutit qu'à corrompre la pureté de
la langue hayganide, et cette corruption se traîna plusieurs siècles, non-
seulement dans l'Arménie propre, mais aussi dans les colonies, et surtout dans ces couvents d'Italie que les *Uniteurs*, c'est-à-dire les Domi-
nicains arméniens, et les Basiliens venaient de fonder dans plusieurs villes d'Italie, et dont aucun ne resta debout à partir du 17ᵉ siècle.

Vers la fin de ce siècle, tandis que l'Arménie n'était pas encore réta-
blie des larges plaies que les derniers *Hélaghunides*, les *Leng Timours*,
les chefs des familles de *Blanc* et de *Noir-Mouton*, les *Chah-Sephis* et
leurs antagonistes venaient de lui faire, quelques signes de renaissance
paraissaient sur des horizons lointains. L'Arménie, toujours avant-cou-
reur de l'Orient en civilisation, avait adopté l'invention la plus remarquable des temps modernes, l'art d'imprimer l'écriture. Nos premières

imprimeries, fondées à Venise et à Rome par les travaux infatigables de quelques zélés Arméniens, inspirés par un amour inné du bien et du beau, ne comptent pas moins de trois siècles, et celle de Paris moins de 230 ans. Elles fournirent plusieurs livres religieux et utiles ; mais aucune ne présentait les bases d'une progression régulière. Cet avantage était réservé à une société dévouée tout entière au progrès des lumières de la religion et des sciences ; elle choisit aussi sa demeure en Italie et près de cette Venise qui avait contracté la première alliance commerciale avec l'Arménie, dès la première année du 13ᵉ siècle. Tout le monde savant connaît le couvent de l'*île de Saint-Lazare*, bâti au commencement du dernier siècle par *Mékhitar*, prêtre de Sébaste, de cette ville heureuse de la Petite-Arménie, où notre Illuminateur avait convoqué ses premiers disciples.

Un mouvement progressif s'était manifesté dans le grand siècle de Louis XIV, même dans l'Arménie propre. Sans parler des prédicateurs latins, quelques prêtres et moines arméniens avaient réorganisé, avec les règles monastiques, les études théologiques et philosophiques ; l'imprimerie de Constantinople, avec les livres sacrés, venait offrir au public quelques-uns des ouvrages de nos classiques ; mais tout cela manqua de suite et n'eut pas grande importance, tandis que la congrégation établie par Mékhitar devenait de jour en jour plus capable d'opérer une véritable renaissance de la littérature arménienne.

Ma position m'oblige d'abandonner ici à d'autres la tâche de critique. Je laisse donc, pour le moment, ce cher asile de mon enfance, la patrie de mon âme et de mon esprit, et je me hâte de retourner une dernière fois à la Grande-Arménie, pour en tirer ce qui doit être le premier objet et le principal but de ce discours.

Au commencement du 17ᵉ siècle, lorsque le sort partageait définitivement l'Arménie entre l'empire ottoman et l'empire persan, le roi de ce dernier pays, le grand et l'astucieux *Chah-Abas*, connaissant bien la force de son rival, et prévoyant la perte de ces campagnes de l'Arménie tant de fois ensanglantées et encore fertiles, se décida à une politique pratiquée même de nos jours : en perdant le territoire, il voulut conserver ses habitants. — A la hauteur des rapides du fleuve *Araxe*, au bord duquel s'étaient élevées les anciennes capitales de l'Arménie, florissait alors le bourg de *Vieux-Ciulfa*, la place la plus commerçante du pays, à cause de sa position favorable sur la grande route des caravanes qui traversent le pays situé entre le golfe Persan, le Pont et le Caucase. Après tant de colonies, celle de Ciulfa fut forcée par Chah-Abas de se transporter près d'Ispahan, sa capitale, en face de laquelle elle bâtit le

Nouveau-Ciulfa, qui ne tarda pas à surpasser l'ancien par ses édifices et la richesse qu'il se procura par la route des Indes, et plus encore par la protection d'Abas le Grand. Mais, sous le règne de son petit-fils, tout fut oublié, et les pertes que les Arméniens avaient essuyées dans leur émigration, et les services qu'ils venaient de rendre au chah ; ils se virent une seconde fois dépouillés de tout ce qu'ils avaient de plus cher, et ils éprouvèrent toutes sortes de misères.

C'est alors que quelques-uns d'entre eux émigrèrent dans les riches ports et villes des Indes ; d'autres s'échappèrent pour rechercher les traces de leurs anciens foyers du Vieux-Ciulfa qu'Abas avait ordonné de raser. Au nombre de ces derniers, était aussi le fils d'*Aghamal,* le chef ou le conducteur de la migration. L'arrière-petit-fils de celui-ci, *B. Kharoum-Aghamal,* natif de Chorot, aux environs de Ciulfa, devenu riche par son commerce dans les Indes, vint s'établir à Tokat, l'ancienne Eudocie, à peu de distance de Sébaste ; c'est là qu'il devint le père, en 1760, de *Samuel Moorat,* le fondateur de notre collége.

Né dans l'opulence, celui-ci tomba bientôt dans l'indigence, qui lui apprit à s'enrichir par son propre travail ; car, par revirement de fortune, son père fut obligé de quitter Tokat et de parcourir la Turquie d'Europe avec ses fils ; arrivé à Varadin, il fut heureux d'y trouver un Mékhitariste, chez lequel il plaça d'abord ses deux fils ; ensuite, muni de ses lettres, il les emmena à Venise, pour voir de près l'œuvre de Mékhitar. Telle fut la cause des relations et de l'intimité de Samuel Moorat avec les Mékhitaristes, que des événements accrurent encore. Après quatre mois de séjour à Venise, Moorat continua ses pérégrinations avec son père, qu'il eut le malheur de perdre bientôt à Mashégat, d'où il fit voile vers Madras, dans les Indes, et s'attacha à des commerçants nationaux. Parmi ceux-ci se distinguait *Ed. Raphaël Gharam,* dont il épousa la fille, grâce aux bons témoignages qu'il obtint encore d'un Mékhitariste, qui se trouvait chez son futur beau-père, en qualité de précepteur de ses fils. Comme récompense des travaux et des souffrances de ce religieux, Raphaël avait promis une somme pour la fondation d'un collége ; c'est alors que son gendre, notre Moorat, résolut, si la fortune lui souriait, de faire de plus larges donations pour un but semblable. Il était homme de cœur et de parole ; son industrie, bénie par la Providence, le rendit assez riche pour accomplir un projet conçu depuis son voyage à Venise, et par son testament, écrit en 1815, un an avant sa mort, il affecta une somme considérable à la fondation d'un collége en Europe, sous la direction des Mékhitaristes, en faveur des orphelins et des enfants pauvres de sa nation.

Je passe sur les détails de l'exécution de son testament, sur l'ouverture du collége, d'abord à *Padoue*, 18 ans après la mort de son fondateur, l'an 1834, puis sa translation à *Paris*, en 1846. Mais en passant sous silence une foule de choses, je ne dois et je ne puis pas oublier le mérite de qui que ce soit dans ces affaires ; et je désire que de tels souvenirs seuls soient gravés à jamais dans nos cœurs. Je laisse aussi à d'autres l'examen de la conduite de cet établissement, ainsi que de celui du collége *Raphaël*, fondé à Venise deux ans après le nôtre. Cependant, je me permettrai en passant quelques courtes réflexions, en réponse à des objections, à des critiques, à des demandes et à des conseils qu'on nous fait parfois. Je rappellerai d'abord la maxime bien connue et souvent oubliée, qu'on ne saurait concilier les volontés opposées. Ensuite, je dirai que nos établissements, ne comptant guère que 25 années d'existence, ne pouvaient atteindre à un plus haut degré de développement, surtout eu égard à des événements touchant à divers intérêts de ces établissements. Il faut aussi se rappeler que la position exceptionnelle de ces institutions fondées dans des pays éloignés du centre de la nation, nation divisée entre elle de plus d'une manière et soumise à différentes dominations, n'a pu que créer d'immenses embarras. Et comme nos colléges sont même en dehors de ces dominations, ils ont contracté vis-à-vis d'autres gouvernements des engagements de reconnaissance auxquels nous ne saurions manquer sans ingratitude.

C'est d'abord le gouvernement de la Sublime-Porte auquel appartient la majorité de notre nation ; par ce titre même, nos colléges doivent recruter leurs élèves principalement parmi ses sujets, les élever, les diriger de façon à être utiles autant à leur patrie qu'au gouvernement. — Nos colléges sont aussi redevables à la Grande-Bretagne et à l'Autriche : à la première, en ce que nos deux fondateurs, bien qu'Arméniens, étaient sujets anglais ; le gouvernement anglais a protégé et exécuté la volonté des testateurs, et assure encore, dans les trésors de son État, les fonds du collége *Raphaël* ; à l'Autriche, car c'est elle qui, par la possession des États Vénitiens, a continué à notre congrégation l'hospitalité qu'elle avait reçue autrefois en Morée et à Venise ; c'est dans les possessions autrichiennes que se fondèrent nos deux institutions, dont l'une y prospère encore, tandis que l'autre en tire ses revenus. Mais c'est surtout envers le Gouvernement français que l'institution *Moorat* a contracté de douces obligations, et ses élèves, fils des anciens alliés, ne cherchent ici qu'une sage et prudente alliance du vrai progrès dans les sciences utiles, sous la généreuse protection du gouvernement, de ses ministres et des professeurs habiles auxquels nous témoignons notre vive reconnaissance.

Ces réflexions et ces sentiments me conduisent, enfin, à l'éclatante manifestation de la gratitude et des bénédictions dues à ton nom impérissable, à ton âme glorieuse, ô *Samuel Moorat*, première source de tant de souvenirs, de tant d'éspérances, de tant de réalités, souvenirs, espérances, réalités que je voudrais entrelacer comme des guirlandes d'immortelles, d'olivier et de laurier autour de ta mémoire séculaire! Faible ministre de ta volonté sacrée et de devoirs plus sacrés encore, au nom de ces deux legs, je n'hésite plus à témoigner devant cet illustre auditoire que tes vœux ardents, ceux de la patrie et de la religion, s'accomplissent ici dans la maison de ta munificence. Outre cette cinquantaine d'élèves, tu as deux cents fils qui, ayant accompli leur éducation dans ta maison, sont retournés dans leurs foyers, et, avec leurs amis du collége Raphaël, annoncent et bénissent vos noms vénérés dans différentes villes de l'Asie et de l'Europe, d'où ils étaient venus pour participer à vos bienfaits. Tu vois, mieux que par des yeux mortels, l'impulsion que ton œuvre et celle de tes coopérateurs vont imprimer à l'esprit de la nation que tu as tant aimée. Elle connaît déjà et apprécie mieux la valeur de l'éducation morale et scientifique; elle réveille le génie des *David* et des *Proheresius*, qui, dans les salles d'Athènes, surpassaient tous les orateurs de leur temps et recevaient des statues à Rome, comme des maîtres de la parole; elle confirme une fois de plus que les langues étrangères ne sont pour elle que des conquêtes faciles, qui l'appellent à servir dans les cabinets des cours, dans les ambassades, dans les factoreries et les maisons commerçantes; tandis qu'elle cultive sa riche langue nationale, interprète des sentiments et des vœux de son cœur rajeuni, elle manie le pinceau et le ciseau avec la jeunesse étrangère, et souvent rivalise avec elle, au témoignage même des professeurs et des critiques impartiaux.

Tu vois quelques-uns de tes fils adoptifs, devenus eux-mêmes des instituteurs ou des professeurs dans les maisons privées ou les établissements publics, devant la jeunesse, l'âge mûr et le public d'élite, faisant preuve de talent, l'un par des discours éloquents, l'autre par des compositions dramatiques, un autre par des poésies naïves et élégantes, qui permettraient des succès plus brillants encore dans une civilisation plus avancée.

Tu en vois quelques autres promus aux degrés supérieurs de la hiérarchie civile ou militaire, honorés de titres éclatants, exerçant des fonctions diplomatiques et portant des insignes de mérite. — Tu vois avec un plus grand plaisir des parents qui, embarrassés ou affligés dans leur intérieur, soupirent après le retour de leurs chers enfants, desquels ils

espèrent la récompense des soins qu'ils leur donnèrent. Déjà quelques-uns de ces vieillards, mêlant les derniers rayons de leur existence avec la brillante aurore de leurs petits-fils, les trouvent plus parfaits que n'é-taient leurs pères au même âge ; et ces pères aussi confessent la maturité intellectuelle de leurs héritiers qui leur prêtent un plus sûr appui dans leurs vieux jours ; — et des mères, auparavant réduites à la plus stricte économie, jouissent maintenant des faveurs d'une douce aisance, grâce à l'industrie de leurs fils reconnaissants ; — des jeunes filles, plus belles et plus fières de parures procurées, non par des mains étrangè-res, mais par la longue patience d'un frère, acquise dans ces classes que tu leur as ouvertes pour le bonheur de toute une famille.

Et tu vois encore avec plus d'attendrissement que si quelqu'un de tes nombreux élèves est dans la souffrance ou tombe dans l'adversité, il y a une association, fondée sous tes auspices, et qui porte ton nom, celui de *Moorat-Raphaël*, laquelle s'empresse de lui venir en aide et de lui offrir le secours de ses offrandes, de ses encouragements et de ses conseils.

· Et toi, père *Moorat*, tu vois aussi ce que nos faibles yeux ne nous montrent encore que sous la forme d'espérances à peine écloses sur la surface d'un avenir flottant ; tu vois une sphère de bonheur commencer son chemin à travers l'avenir, comme l'astre des nuits dans sa course éthérée, dont nous ne voyons que le croissant doré, tandis que tu en vois toute la circonférence lumineuse, c'est-à-dire le complément de ton œuvre, dont nous constatons l'heureux commencement. Et quand nos successeurs viendront, à leur tour, célébrer l'anniversaire séculaire de ta mort regrettable, ou de la fondation de ton établissement, qui pourra dire de combien de progrès, de combien de succès notre patrie sera redevable à ton œuvre bénie ?.....

Nous nous taisons ; mais tu vois bien tout cela, et en jetant un coup d'œil immortel sur tous ces produits présents et futurs de ta belle pensée, tu retournes tes regards vers la source de ton noble cœur, en disant avec extase : « Seigneur, ce sont les dons de ta main. » Nous ajouterons : « Et les œuvres méritoires de *Samuel Moorat !* »

Le P. Léon M. D. Alishan,
Directeur du collège Moorat, à Paris.

Venise. — Imprimerie arménienne de Saint-Lazare.